PROJET DE LOI

SUR L'INSCRIPTION DES

DROITS IMMOBILIERS

PAR

M. TRÉMOULET

ANCIEN PRÉSIDENT DE LA CHAMBRE DES NOTAIRES.

Extrait de la REVUE CRITIQUE DE LÉGISLATION ET DE JURISPRUDENCE.

PARIS

A. COTILLON ET Cie, IMPRIMEURS-ÉDITEURS,

Libraires du Conseil d'Etat

24, RUE SOUFFLOT, 24.

1880

PROJET DE LOI

SUR L'INSCRIPTION DES

DROITS IMMOBILIERS

PROJET DE LOI

SUR L'INSCRIPTION DES

DROITS IMMOBILIERS

PAR

M. TRÉMOULET

ANCIEN PRÉSIDENT DE LA CHAMBRE DES NOTAIRES.

Extrait de la Revue critique de Législation et de Jurisprudence.

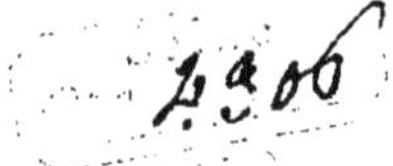

PARIS

A. COTILLON ET Cie, IMPRIMEURS-ÉDITEURS,

Libraires du Conseil d'Etat

24, RUE SOUFFLOT, 24.

1880

PROJET DE LOI

SUR L'INSCRIPTION DES

DROITS IMMOBILIERS

LETTRE A M. COTILLON.

Monsieur,

J'ai l'honneur de vous adresser un travail qui est le résumé et le complément de mes études sur la réforme hypothécaire ; j'espère que, comme à mes précédentes communications, vous lui ferez bon accueil et lui accorderez l'honorable hospitalité de votre *Revue*.

C'est un projet de loi sur l'inscription des droits immobiliers dont l'objet est d'introduire en France une amélioration depuis longtemps réalisée dans d'autres pays.

Mon intention n'était pas de pousser jusque-là mes travaux ; je me proposais uniquement d'appeler l'attention de nos législateurs sur la facilité et la nécessité de cette réforme et de leur laisser le soin de la réaliser. Mais j'ai obéi à une haute et bienveillante invitation, celle de M. le sénateur Batbie qui a toujours pris intérêt à mes travaux et m'a engagé à les formuler en projet de loi.

Le système de cette loi est basé sur l'inscription de tous les droits sur les immeubles.

Dans mes travaux antérieurs [1] j'ai démontré qu'il y avait pour la preuve de la propriété une loi naturelle qui, à l'exception des

[1] Le régime hypothécaire et le sens commun (Cotillon, éditeur). — De la nécessité de rattacher à l'inscription cadastrale la preuve de la propriété foncière, *Revue critique de législation et de jurisprudence* ; décembre 1868 (Cotillon). — Méthode prompte et économique pour la rénovation du cadastre. — Du projet de loi sur le renouvellement des opérations cadastrales (Cotillon).

immeubles, était appliquée partout et qui partout amenait avec elle la clarté et la simplification. Cette loi n'est écrite dans aucun de nos Codes, mais le grand législateur l'a profondément gravée dans la conscience de chacun de nous et toutes les difficultés proviennent de ce qu'elle a été méconnue.

La propriété mobilière résulte de la possession. Néanmoins par une exception d'autant plus remarquable qu'aucune disposition de loi ne la consacre, toutes les fois que cette possession ne peut avoir lieu ou est jugée suffisante, *elle est remplacée par l'inscription.* Dans un voyage, par exemple, obligé de me séparer momentanément de mes effets pour les réunir aux autres bagages, il me suffit d'y inscrire mon nom pour établir mon droit de propriété et être autorisé à en exiger la remise.

C'est dans ce fait si simple, qui se dégage si spontanément de la nature des choses, que j'ai découvert une grande loi qui régit toute la matière du droit, qui en forme la substance essentielle et visible, et qu'on retrouve dans tous les actes de la vie de l'homme où un droit de propriété ou même un droit quelconque se trouve en jeu de quelle manière que ce soit.

Cette loi appliquée aux immeubles résout avec une sûreté et une précision mathématique toutes les difficultés qui ont défié jusqu'ici toute la science et toute la sagacité des jurisconsultes, et pour qu'on ne soit pas trop choqué d'une pareille affirmation, je m'empresse de faire observer que dans le système du grand-livre de la dette publique, qui est entièrement fondé sur l'*inscription,* aucune difficulté n'existe; que les droits des femmes mariées et des mineurs y trouvent une complète protection, que jamais il n'arrive que l'acheteur d'une rente soit obligé de payer une seconde fois le prix, que jamais il n'éprouve de difficultés pour contracter un emprunt, que jamais prêteur sur titre de rente, n'a vu ses intérêts compromis par la révélation inopinée de droits inconnus.

La loi proposée a pour objet de faire participer la terre à tous ces avantages et particulièrement aux bienfaits du crédit.

Elle a donc un caractère d'urgence qu'il est facile de constater.

L'agriculture traverse en ce moment une crise que la concurrence étrangère menace de rendre permanente. Les recommandations et les conseils ne lui manquent pas de la part de nos hommes d'État. Ils l'exhortent à changer ses assolements, à améliorer sa culture, à perfectionner son outillage, à imiter en cela les peuples rivaux pour les mettre en mesure de lutter avec eux. Ces conseils, sans nul doute, sont excellents ; mais pour les suivre il faut de l'argent, pour avoir de l'argent il faut du crédit; or notre législation est organisée de telle façon que pour la petite et la moyenne propriété qui possèdent les trois quarts du sol, le crédit n'existe pas.

Il faut donc que nos hommes d'État commencent par perfectionner notre système hypothécaire, ils rendront ainsi possibles les améliorations qu'ils recommandent et prêcheront un peu par l'exemple en transformant cette vieille machine hypothécaire tout à la fois compliquée, impuissante et dangereuse. Ils imiteront en cela les peuples rivaux et nous mettront en mesure de lutter avec eux.

Ce résultat sera obtenu en assujettissant tous les droits à l'inscription. Par ce moyen le petit propriétaire, dans la mesure, bien entendu, des garanties qu'il peut offrir, pourra trouver instantanément toutes les sommes qui lui seront nécessaires.

L'inscription est la formule sacramentelle, la formule perfectionnée du droit de propriété ; on la retrouve partout, le législateur lui-même dans plusieurs de ses dispositions considère l'inscription cadastrale comme une preuve de la propriété foncière (art. 12 loi du 22 frimaire an VII ; loi du 3 mai 1841). La transcription qu'il lui a préférée n'existe nulle part, c'est une création tout à fait arbitraire du législateur; par elle-même elle est dénuée de toute puissance translative.

Ainsi, un commerçant écrit une lettre qui renferme toutes les conditions d'une vente de marchandises; il la copie sur un registre, comme le lui prescrit la loi. La vente sera donc *transcrite ;* mais cette transcription ne confèrera pas à l'acquéreur un droit direct sur la marchandise vendue ; il n'aura droit à aucune préférence à l'égard d'un autre acquéreur. Il n'en sera plus de même dès qu'il y aura *inscrit* son nom ou apposé sa marque ; la marchandise lui appartiendra.

On a donc imposé à la propriété foncière une organisation contre nature. C'est ce qui explique la rédaction obscure et embarrassée de la loi sur la transcription et les difficultés qu'elle soulève au point d'être devenue à peu près impraticable pour la petite propriété.

Pour donner une idée de la situation étrange et bizarre qui en résulte, je citerai l'exemple suivant :

Dans les gares de chemins de fer, on recommande aux voyageurs d'*inscrire* leurs noms sur leurs effets. Quelqu'un aurait-il l'idée de prétendre que cette méthode peut être bonne pour exiger des voyageurs les frais de port et de factage, mais ne saurait leur servir de titre pour réclamer leurs effets ? Ce serait une folie. C'est cependant ce qui arrive pour le cadastre qui me constitue propriétaire pour me faire payer l'impôt et ne peut me servir de titre pour établir mon droit de propriété.

Quelqu'un aurait-il l'idée pour mieux protéger les femmes mariées et les mineurs, de les dispenser d'inscrire leurs noms sur leurs effets? Ce serait évidemment aussi absurde que dangereux, et c'est cependant à ce danger que les expose notre législation, (art. 696 C. P.).

Quelqu'un aurait-il l'idée de trouver que l'*inscription* du nom sur les effets est une formalité trop compliquée, qu'il est bien plus simple de *transcrire* sur un registre, au nom de chaque voyageur, la convention qui l'a rendu propriétaire, en remontant jusqu'à 30 ou 40 ans pour connaître les propriétaires antérieurs ? C'est tout à fait contraire au bon sens, et c'est cependant ce qui a lieu sous notre législation.

Il est inutile de continuer ce rapprochement qui met en constante contradiction les principes qui forment la base de notre législation avec les notions naturelles dictées par le simple bon sens.

Il n'est donc pas étonnant que les auteurs de la loi sur la transcription qui a été préparée cependant par plus de vingt ans de discussions et de controverses, ayant à mettre de l'ordre dans ce chaos, n'aient abouti qu'à une œuvre pleine de difficultés et presque inintelligible, à la première lecture, même pour les hommes spéciaux.

En définitive, notre législation surtout depuis la loi sur la transcription n'a aucune puissance translative, ainsi que j'en ai donné des preuves surabondantes dans un article de la *Revue* de décembre 1868. Il ne suffit pas, en effet, de dire que l'acquéreur devra remplir telle formalité, il faut que, la formalité remplie, il réunisse sur sa tête les caractères distinctifs de la propriété, il faut que tout le monde le reconnaisse comme propriétaire; or, il n'en est pas ainsi, jamais personne n'a osé, ni n'osera acheter, au vu de titres parfaitement en règle, un immeuble dont un tiers qui est en possession se prétendrait propriétaire.

Le contraire a lieu fréquemment.

Il arrive souvent que des individus n'ont que des titres irréguliers, ou même n'en ont point du tout; néanmoins, leurs voisins, qui les voient depuis de longues années en paisible possession, leur achètent ou leur prêtent par hypothèque sans la moindre inquiétude.

Il résulte de ce contraste qu'aux yeux de tous, et nonobstant toutes les décisions et toutes les prescriptions du législateur, c'est en réalité la possession qui fait preuve de la propriété et que là où la possession fait défaut, et pour réguliers aussi que soient ces titres, cette preuve n'existe pas.

En rattachant cette preuve à l'inscription qui, comme nous l'avons vu, est la transformation naturelle de la possession, on ne s'expose à aucun bouleversement, car on s'appuiera sur un ordre de choses qui existe d'une manière latente, sans doute, mais réelle, puisqu'il est le vrai soutien de la propriété.

Je vous prie, Monsieur, d'agréer l'expression de mes sentiments de la plus haute considération,

TRÉMOULET,

ancien président de la Chambre des notaires.

Villeneuve-sur-Lot, ce 8 avril 1880.

PROJET DE LOI SUR L'INSCRIPTION DES DROITS IMMOBILIERS.

DU RÉGIME DE L'INSCRIPTION.

Art. 1er. — A dater de la promulgation de la présente loi, il sera facultatif à tout propriétaire d'un immeuble de le soumettre au régime de l'inscription.

Art. 2. — Sous ce régime tout droit sur un immeuble pour être opposé aux tiers doit être inscrit sur cet immeuble.

Art. 3. — Celui qui voudra opérer l'inscription produira au conservateur des hypothèques un extrait en double de l'acte notarié ou du jugement constitutif du droit. Cet extrait contiendra uniquement l'indication précise du droit à conserver et la configuration de l'immeuble sur lequel le droit doit être inscrit. L'un de ces extraits restera déposé au bureau des hypothèques, l'autre sera remis à l'intéressé avec mention de l'accomplissement de la formalité.

Art. 4. — L'indication du droit doit être énoncée clairement, toute clause ambigüe s'interprétera contre l'inscrivant.

Art. 5. — La configuration de l'immeuble sera déterminée par la désignation successive de toutes les bornes ou points angulaires qui le circonscrivent. Chaque borne sera désignée par sa distance au côté nord et au côté occidental du kilomètre carré où cet immeuble est situé.

Art. 6. — Ceux qui n'auront pas de titre régulier seront admis à prendre inscription sans autre formalité que la production de deux bordereaux portant les énonciations prescrites par l'article 3 et contenant mention de leurs prétentions, mais à la charge par eux d'obtenir dans la huitaine la ratification du président du tribunal civil qui fixera la somme à fournir à titre de cautionnement pour la garantie des frais et des dommages-intérêts, s'il y a lieu.

Art. 7. — Cette inscription sera sans effet si une instance pour la faire valider n'est pas commencée dans un délai de quinzaine.

Si elle est validée, soit en tout, soit en partie, ses effets remonteront au jour de sa date.

Art. 8. — A l'égard des immeubles soumis au régime de l'inscription, les privilèges, les hypothèques et tous autres droits réels continueront à être régis par la législation existante, seulement ils n'auront d'effet à l'égard des tiers que par l'inscription prise conformément à l'article 3 et à la date de cette inscription.

Art. 9. — Les inscriptions produiront leur effet jusqu'à la radiation.

Art. 10. — Le conservateur des hypothèques sera tenu de donner à tout requérant copie de toutes inscriptions qui lui seront demandées. Sa responsabilité ne sera engagée, pour ce qui est de la désignation des immeubles, qu'autant que la copie qu'il délivrera sera accompagnée d'un plan figuratif concordant avec les énonciations de l'inscription.

DISPOSITIONS TRANSITOIRES.

Art. 11. — Celui qui voudra soumettre un immeuble au régime de l'inscription en fera lever le plan avec l'énonciation des distances prescrites par l'article 5. Ce plan porté sur une feuille quadrillée contenant des divisions et des subdivisions métriques permettant de le mettre en concordance avec les distances indiquées sera affiché pendant un mois à la mairie de la commune de la situation de l'immeuble. Sera également affiché au même lieu un placard contenant le nom du propriétaire, la désignation de l'immeuble au moyen de l'énoncé des distances, sa situation, la section kilométrique dont il fait partie et les numéros sous lesquels il figure au cadastre.

Art. 12. — Le contenu du placard sera publié dans un journal de l'arrondissement ou, à défaut de journal de l'arrondissement, dans un journal du chef-lieu du département.

Art. 13. — Tout prétendant droit sera admis à faire ses réserves ou oppositions soit à la mairie, soit au greffe du juge de paix, soit au greffe du tribunal civil. Les réserves faites à la mairie et à la justice de paix seront transmises au greffe du tribunal civil.

Art. 14. — Un mois après ces publications le demandeur adressera au tribunal une requête à laquelle seront joints un acte de notoriété portant la justification de son droit par l'établissement de l'origine de propriété, un état des inscriptions hypothécaires et un certificat du maire attestant que le demandeur possède l'immeuble à titre de propriétaire.

Art. 15. — Au vu des pièces et des certificats délivrés par le maire, le juge de paix et le greffier du tribunal, portant mention des oppositions faites ou attestation qu'il n'en existe aucune, le tribunal ordonnera l'inscription du droit de propriété au nom du requérant, soit purement et simplement, soit avec mention des réserves faites, soit sous toutes réserves.

Art. 16. — Le procureur de la République soit d'office, soit à la demande de tout intéressé, pourra demander l'insertion de toutes les réserves qu'il croira utiles, dans le jugement qui ordonnera l'inscription.

Art. 17. — Extrait du jugement portant uniquement la formule à inscrire sera publié dans le journal de l'arrondissement ou du département, comme il est dit à l'article 12.

Art. 18. — Un mois après cette publication, l'inscription pourra être prise. Pendant ce mois et jusqu'au jour de l'inscription, des oppositions pourront être faites; elles seront faites au bureau des hypothèques et les frais seront avancés par l'opposant.

Art. 19. — Une fois l'inscription prise, elle produira tout son effet en tenant compte uniquement des réserves qui auront été inscrites.

Art. 20. — Ceux dont les droits n'ont été que conditionnellement admis par le tribunal où se trouvent compris sous la dénomination générale, *sous toutes réserves*, auront un an à compter du jour du jugement pour les faire régulariser. Ce délai pourra être prorogé à la demande des intéressés ou à la demande du procureur de la République. L'action est ouverte à ceux qui ont un intérêt contraire pour faire plutôt juger la question ou s'opposer à toute prorogation de délai.

Art. 21. — Les prétendant droit qui n'auront fait aucune opposition seront admis à le faire, même après l'expiration de tous les délais ci-dessus, mais cette opposition n'aura d'effet qu'à partir de sa date et sans que, dans aucun cas, elle puisse porter atteinte à des droits antérieurement inscrits.

Art. 22. — Toute vente faite par autorité de justice produira les effets attachés à la présente loi, pourvu que les formalités prescrites par les art. 11 et 12 soient remplies.

Art. 23. — Les déchéances résultant des articles ci-dessus ne feront pas obstacle à l'exercice de l'action personnelle.

EXPOSÉ DES MOTIFS

DU PROJET DE LOI SUR L'INSCRIPTION DES DROITS IMMOBILIERS.

L'objet de la loi est d'introduire en France une amélioration depuis longtemps réalisée dans d'autres pays, et de l'y introduire graduellement et de manière à n'apporter aucun trouble à la situation actuelle.

Deux systèmes existent pour la preuve de la propriété immobilière. Dans l'un, la configuration de l'immeuble est rigoureusement déterminée et un compte lui est ouvert sur lequel on inscrit l'indication de tous les droits qui le grèvent ou l'affectent, en sorte qu'il suffit d'un coup d'œil pour connaître sa situation exacte. Dans l'autre, l'immeuble n'est que vaguement désigné par sa nature et sa situation, aucun compte ne lui est directement ouvert; quant aux droits qui s'y rapportent les uns sont dispensés de toute publicité, les autres sont portés au compte des personnes qui en ont été ou qui en sont propriétaires, ce qui est une source féconde d'erreurs.

Le premier système existe dans presque tous les états du Nord de l'Europe, dans l'Amérique du Nord ; il a été introduit dernièrement en Espagne et en Australie, et partout il a produit les plus heureux résultats : le second système existe en France où il n'a cessé de soulever les plus vives critiques.

L'objet de la loi est de permettre à chacun d'adopter le système qui lui paraîtra le plus avantageux.

Les dix premiers articles du projet comprennent toute l'économie de la loi, les autres, les mesures transitoires destinées à faire passer un immeuble du système actuel au système nouveau.

D'après l'art. 1er il sera facultatif à tout propriétaire de soumettre un immeuble au régime de l'inscription.

Il y aura par conséquent des immeubles qui continueront à être soumis au régime actuel, fondé en réalité sur la possession, et d'autres qui seront soumis au régime de l'inscription. Cette disposition, loin d'avoir un caractère exorbitant, fera rentrer les immeubles dans la loi commune; car pour les autres objets et valeurs, sans exception aucune, on peut rattacher la preuve de la propriété soit à la possession, soit à l'inscription. Depuis la malle de voyage, dont le voyageur sauvegarde la propriété par la possession en la gardant en main ou par l'inscription en y inscrivant son nom et son adresse, jusqu'au titre de rente dont le rentier sauvegarde également la propriété par la possession, si la rente est au porteur, ou par l'inscription si elle est nominative, tout est assujetti à ce double genre de preuve, il n'y a d'exception que pour les immeubles : la nouvelle loi la fera disparaître, elle constituera donc un élément d'harmonie et nullement un élément de désordre.

D'après l'art. 2 *tout droit* sur un immeuble, pour être opposé aux tiers, doit être inscrit *sur* cet immeuble.

Cet article renferme à lui seul toute la substance du projet de loi.

Il contient deux innovations importantes :

Par la première, il assujettit tous les droits à une manifestation publique, à l'aide d'un seul instrument de publicité, le même pour tous, l'inscription. Tandis qu'aujourd'hui les uns sont assujettis à la publicité, les autres, et tout particulièrement le droit de propriété, en sont dispensés. L'instrument de publicité n'est pas le même pour tous. Pour les uns, c'est l'inscription, pour les autres, la transcription. La transcription elle-même a des effets différents suivant qu'il s'agit d'une vente ou d'une donation.

Par la seconde, les droits, au lieu d'être rattachés aux noms de ceux qu'on suppose en avoir été ou en être propriétaires, ce qui expose à des inconvénients de toute sorte résultant de la similitude ou de la différence des noms, prénoms, professions et demeures, sont rattachés directement à l'immeuble qu'ils affectent. Ce qui, par exemple, pour l'hypothèque, est plus conforme au texte formel de notre Code qui dit : « L'hypothèque est un droit réel *sur* un immeuble *affecté* à l'acquittement d'une obligation. »

La règle consacrée par cet article est une publicité complète pour tous les droits; c'est là évidemment la tendance du législateur; qu'on examine toutes les améliorations introduites depuis quelques années dans notre législation, on verra qu'elles ont toutes été inspirées par le besoin d'une plus grande publicité, on fera donc d'une manière générale et complète ce qui n'a été fait jusqu'ici que partiellement et incomplètement.

Les art. 3 et 4 comprennent l'organisation et la mise en œuvre de l'inscription; ils sont inspirés par la pensée qu'il y a lieu de soumettre à la publicité tout ce qui peut intéresser les tiers, mais pas autre chose. Il en résulte une grande simplification et une grande clarté.

L'art. 5 donne la formule pour désigner exactement un immeuble : à l'aide de cette formule on peut reproduire exactement et rapidement la configuration d'un immeuble sans avoir le plan sous les yeux.

L'art. 6 accorde à tous ceux qui croiront avoir des droits la faculté de prendre une inscription provisoire en prenant des précautions pour qu'on n'abuse pas de cette faculté. Ainsi une vente est consentie et acceptée à l'aide d'un échange de lettres ou par une simple parole donnée. L'acquéreur sera admis à prendre inscription. Seulement il sera tenu de faire régulariser sa position, et toutes les précautions seront prises pour que la partie adverse n'en éprouve aucun dommage.

On a reproché au système de l'inscription de matérialiser en quelque sorte le droit en subordonnant la vente, par exemple, à un étroit formalisme. Grâce à cette combinaison, ce reproche ne pourra plus lui être adressé. La vente sera parfaite entre parties par le simple consentement et le consentement aura, à l'égard des tiers, une sanction aussi énergique que possible, beaucoup plus énergique que dans le système actuel où l'on serait dans l'impuissance d'empêcher celui qui a vendu par parole, de vendre à un tiers.

L'art. 8 règle le sort des hypothèques, privilèges et autres droits réels. Ils continueront à être régis par la législation existante, seulement ils n'auront d'effet à l'égard des tiers que par l'inscription et à la date de cette inscription.

Cette disposition n'apportera aucun changement à l'essence et à l'organisation des divers droits. Tous les droits en ce moment existants ne peuvent s'exercer qu'à l'aide d'une manifestation. Or la forme et les délais de cette manifestation peuvent être changés sans que le droit lui-même soit atteint. C'est ce qui a eu lieu notamment pour la loi sur la transcription et la loi du 21 mai 1858 qui compromet si gravement les droits des mineurs et des femmes mariées, sans que personne ait songé à y redire. Il en sera de même dans ce cas; seulement au lieu d'appliquer, suivant les cas, des formalités spéciales et des règles distinctes, on n'aura qu'une règle dictée par la raison et l'équité, et on l'appliquera à tous indistinctement.

D'après l'art. 9, les inscriptions produiront tout leur effet jusqu'à la radiation. Ce sera un grand avantage pour les créanciers dont le défaut de renouvellement compromet si souvent les intérêts. Le motif qui a fait exiger le renouvellement, l'encombrement des écritures, n'existe pas ici, chaque immeuble n'ayant exactement à son compte que les droits qui le concernent.

L'art. 10 a pour objet de limiter la responsabilité du conservateur des hypothèques. On peut craindre en effet que dans la série de chiffres qui servent à déterminer la configuration d'un immeuble, il ne puisse se glisser quelque erreur. Avec le plan à l'appui, cette erreur n'est plus possible, chaque chiffre étant assorti de sa justification et de sa preuve.

Les treize derniers articles comprennent les dispositions nécessaires pour faire passer un immeuble du système actuel au système nouveau.

Pour cette opération, il y a deux difficultés à vaincre ou plutôt deux problèmes à résoudre. Il faut d'abord déterminer la configuration des immeubles d'après la formule indiquée ; il faut ensuite mettre les droits qui s'y réfèrent en demeure de se faire connaître et de se faire inscrire.

La solution de ces difficultés se trouve dans la loi sur l'expropriation pour cause d'utilité publique.

Comment procède-t-on lorsqu'il s'agit d'exproprier un terrain pour l'établissement d'une route ou d'un chemin de fer?

Un géomètre se transporte sur les lieux, il lève le plan du terrain à exproprier, si l'opération est bien faite, il le limite par des bornes, puis intervient un jugement, une publication dans un journal, et tout est dit. On accorde un délai assez court, beaucoup trop court pour que ceux qui ont des droits sur cet immeuble se fassent connaître ; passé ce délai, tous ceux qui ne se sont pas fait connaître sont irrévocablement déchus, et, pour ce qui les concerne, les immeubles passent définitivement libres et affranchis aux mains de l'État ou aux mains de la compagnie.

On suivra exactement la même marche.

Un géomètre se transportera sur les lieux, il dressera le plan du terrain, le limitera par des bornes dont il déterminera la position exacte d'après la formule qui a été indiquée; puis interviendra une publication dans un journal pour mettre tous les intéressés en demeure, un jugement du tribunal qui ordonnera l'inscription et enfin, et c'est en ceci que la loi sur l'expropriation sera heureusement modifiée, on prendra des précautions minutieuses pour la sauvegarde de tous les droits.

Tous les droits en ce moment existants peuvent d'un momen à l'autre, en cas d'expropriation pour cause d'utilité publique, être mis en demeure de se produire; or la mesure qu'il s'agit de prendre est une mesure d'utilité publique au premier chef : on ne portera donc atteinte à aucun droit en le mettant en demeure de se produire. La légitimité de cette mise en demeure est donc suffisamment justifiée.

Les articles 11, 12, 13 et 14 comprennent les formalités nécessaires pour donner à l'opération toute la publicité convenable ; c'est en grande partie la reproduction de la loi sur l'expropriation pour cause d'utilité publique, sauf les modifications indispensables pour les rattacher à un ordre de choses différent.

L'art. 15 seul renferme une innovation importante. Le jugement qui ordonnera l'inscription, ce qui peut amener la déchéance des droits qui ne se sont pas fait connaître, pourra l'ordonner purement et simplement, soit avec les réserves qui seront signalées ou que le tribunal croira utiles, soit d'une manière générale, sous toutes réserves.

Trois cas en effet peuvent se présenter :

Dans le premier cas, le demandeur justifie pleinement de son droit de propriété, c'est du reste un fait de notoriété publique et à la connaissance personnelle des juges. Aucune protestation n'est faite, le tribunal ordonnera l'inscription purement et simplement.

Dans le second cas, il s'élèvera une ou plusieurs réclamations bien précises. Ainsi, par exemple, on prétendra que le droit de propriété du demandeur, justifié par une possession de quarante ou cinquante ans, avait pour origine une cause précaire, un fermage, par exemple, empêchant la prescription. Le tribunal ordonnera l'inscription, sous réserve du droit du réclamant.

Il pourra s'élever aussi des difficultés sur la position des bornes. Chaque voisin pourra la contester et indiquer le point où, suivant lui, elles doivent être placées. Le tribunal en ordonnant l'inscription, mentionnera la réclamation des voisins. Ainsi toutes les bornes formant la limite d'une propriété pourront être contestées, cela n'empêchera pas l'inscription de produire son entier effet pour la partie qui est en dehors de la ligne litigieuse.

Enfin, dans le troisième cas, aucune réclamation ou opposition ne se produira, mais le demandeur ne peut invoquer qu'une possession à titre de propriétaire, il ne peut produire aucun document, aucune justification, et des doutes sérieux peuvent s'élever sur la légitimité de son droit ; le tribunal néanmoins ordonnera l'inscription, mais avec cette mention *sous toutes réserves*. Cette simple mention suffira à tout protéger.

Un an est ensuite accordé par l'art. 20 pour laisser à tout ayant droit le temps de produire ses justifications et ses preuves, et ce délai pourra être prorogé autant que le tribunal le jugera nécessaire.

Le procureur de la République, soit d'office, soit à la demande de tout intéressé, pourra ainsi demander l'inscription de toutes réserves et la prorogation de tout délai.

Ces trois cas embrassent toutes les hypothèses qui peuvent se présenter. L'hypothèse où aucun tiers n'est intéressé, l'hypothèse où le tiers intéressé s'est fait connaître et l'hypothèse où le tiers intéressé est inconnu.

Ainsi toutes les précautions sont prises pour dégager peu à peu le droit de propriété de toutes les obscurités et de toutes les entraves qui en rendent les mouvements si difficiles et si dangereux, et pour ne pas compromettre néanmoins les droits des tiers qui peuvent s'y trouver intéressés.

Les art. 18, 19, 20 et 21 déterminent les conséquences du jugement qui ordonnera l'inscription, elles sont telles que les articles précédents peuvent le faire pressentir, consolidation des droits connus, précautions minutieuses pour la sauvegarde des droits inconnus.

Une de ces conséquences sera de combler une lacune importante qui existe dans notre législation. On peut purger un immeuble des hypothèques qui le grèvent, il n'existe aucun moyen de le purger des droits occultes et particulièrement des droits de propriété. D'après la nouvelle loi, tous les droits, quels qu'ils soient, pourront être purgés par une seule opération.

Voici quelle est l'importance et l'opportunité de cette innovation.

D'après l'art. 22, toute vente par autorité de justice produira les effets attachés à la présente loi, pourvu que les formalités de publicité qu'elle prescrit soient remplies : c'est-à-dire qu'elle transmettra une propriété parfaitement assurée.

Aujourd'hui la vente en justice ne produit pas ce résultat, l'adjudicataire achète à ses périls et risques, en sorte que le magistrat qui au nom de la Société lui aura dit solennellement : cette propriété est à vous, pourra lui dire plus tard, cette propriété n'est pas à vous, elle n'a jamais été à vous. C'est faire jouer à la justice un rôle peu digne d'elle.

Or, à cet égard, nous sommes dans un état complet d'infériorité vis-à-vis de notre ancienne législation qui, cependant, avait systématiquement accumulé les droits occultes pour empêcher la circulation des immeubles et les maintenir dans les mêmes familles. La vente en justice avait pour effet d'affranchir la propriété de toute espèce de droits et de la transmettre entièrement libre aux mains de l'acquéreur, c'est ce qu'on appelait le **décret forcé**

On en vint à envier à la vente en justice cet inappréciable avantage de la sécurité, et les légistes s'ingénièrent pour en faire profiter les autres ventes ; on imagina le décret volontaire. Le vendeur conférait une hypothèque à celui qui voulait lui acheter, en vertu de laquelle celui-ci le faisait exproprier et devenait acquéquéreur en vertu d'un décret. Les frais étaient énormes, ils excédaient quelquefois le prix des immeubles, mais le besoin de sécurité était si grand que cette méthode se généralisa et finit par être législativement consacrée.

La loi proposée suit exactement la même marche. On peut évidemment assimiler l'expropriation pour cause d'utilité publique qui purge tous les droits au décret forcé qui les purgeait également. On fera donc profiter les ventes ordinaires des bienfaits de la loi sur l'expropriation pour cause d'utilité publique, comme autrefois on les faisait profiter des bienfaits du décret forcé. Il ne saurait y avoir là aucun inconvénient.

Si on en juge par ce précédent historique, il est permis de supposer que lorsque cette méthode sera connue, il n'y aura guère d'acquéreur ou de prêteur qui ne veuille s'assurer du bénéfice de ses dispositions ; la transformation s'opèrera donc avec une grande rapidité, d'autant mieux que les opérations deviendront de plus en plus faciles.

Ainsi il faut bien reconnaître que la première opération, pour être exacte, offrira de grandes difficultés, mais enfin ces difficultés vaincues, on aura un immeuble dont la configuration sera exactement déterminée. Mais ce ne sera pas seulement cet immeuble dont la configuration sera déterminée, ce sera également une partie de tous les immeubles qui seront en contact avec lui et auxquels il fournira des points de repère pour effectuer la même opération, ceux-ci à leur tour faciliteront la tâche des autres, et ainsi de suite.

Si l'État, les départements, les communes, les compagnies de chemins de fer qui ont du reste un personnel *ad hoc* déterminent les limites de leurs propriétés, particulièrement les routes et les chemins, la plus grande partie du travail sera faite et le reste grandement facilité.

Nous avons dit que cette innovation apportera à la situation actuelle un élément d'harmonie et non un élément de désordre.

En laissant chacun maître absolu d'adopter le régime nouveau ou de continuer à se servir du système ancien, la transformation s'opérera dans la mesure très-exacte de tous les besoins et de tous les intérêts ; il n'y aura donc au point de vue des intérêts aucun bouleversement à redouter.

Il en sera de même au point de vue de notre législation ; les principes essentiels, les principes fondamentaux en recevront une éclatante consécration; les changements porteront uniquement sur des points secondaires, qui, du reste, n'ont cessé de soulever les plus vives critiques ; ils constitueront une simplification, un perfectionnement.

Sous notre ancienne législation, la propriété, pour ce qui concerne les immeubles, n'était point ce qu'elle est aujourd'hui, le droit de jouir et de disposer des choses de la manière la plus absolue. Elle était enlacée dans l'inextricable réseau des substitutions, elle était assujettie aux droits de retrait dont on compte jusqu'à vingt-cinq espèces ; tous les contrats conféraient hypothèque et cette hypothèque était générale et occulte.

Tout cela a été radicalement changé par notre Code qui a défini la propriété « le droit de jouir et de disposer des choses de la manière la plus absolue » et a proclamé le principe de la publicité de l'hypothèque.

Cependant, sauf quelques dispositions qui heurtaient trop ouvertement les principes nouveaux, l'ancienne législation a été à peu près maintenue dans son texte, en sorte qu'aujourd'hui la propriété est condamnée à se mouvoir à l'aide du même appareil qui servait autrefois à l'entraver, il y a par suite lutte constante entre la formule du Code et son esprit et ses tendances.

La nouvelle loi fera cesser cet antagonisme. Elle rendra le propriétaire maître absolu de son domaine, tandis qu'aujourd'hui, soit qu'il s'agisse de vendre, soit qu'il s'agisse d'emprunter, il ne peut en disposer qu'à travers des embarras et des dangers de toute sorte ; dans les contrats de vente la chose vendue sera exactement désignée ; elle ne l'est point pour la plupart des cas dans notre système. Le vendeur pourra, conformément à l'art. 1604, mettre la chose vendue en la *puissance* de l'acheteur; aujourd'hui il ne peut lui conférer qu'un droit de propriété plus ou moins bien établi, sans qu'il soit possible d'arriver jamais à une certitude absolue.

En rattachant l'inscription directement à l'immeuble au lieu de la rattacher au nom de la personne, on se conformera strictement à la nature de l'hypothèque qui primitivement, ainsi que le démontre si énergiquement l'étymologie de son nom, s'incrustait en quelque sorte, dans l'immeuble lui-même et à la pensée formellement exprimée du législateur d'après lequel (art. 2114, C. c.) l'hypothèque est un droit réel sur un immeuble affecté à l'acquittement d'une obligation et suit l'immeuble dans quelques mains qu'il passe.

En assujettissant à l'inscription les hypothèques légales, on se conformera encore à la pensée du législateur qui avait voulu dispenser les femmes mariées et les mineurs du soin de prendre eux-mêmes l'inscription, mais avait entendu néanmoins que ces hypothèques fussent inscrites, puisque par l'art. 2136 et suivants, il charge expressément de ce soin le mari, le tuteur, le subrogé tuteur, le procureur de la République, les parents, les amis.

En fait, la pensée du législateur ne s'est pas réalisée, ces hypothèques ne sont presque jamais inscrites et il en résulte de tels inconvénients, que dans le cas d'expropriation, par une modification au Code de procédure (art. 696), les mineurs et les femmes mariées sont obligés de prendre eux-mêmes l'inscription. Cette seule modification peut rendre vaines et illusoires toutes les précautions prises par le législateur dans leur intérêt, il les abandonne brusquement à eux-mêmes et les fait rentrer dans la loi commune au moment précis où ils ont le plus besoin de protection et d'appui.

En accordant à la femme mariée et aux mineurs une hypothèque générale, mais qui n'aura d'effet qu'autant qu'elle sera inscrite sur un immeuble, on rendra praticable la pensée du législateur sans porter atteinte, autrement que dans la mesure nécessaire, au crédit du mari et du tuteur ; on protégera efficacement les droits des mineurs et des femmes mariées dont les droits, une fois inscrits, seront à l'abri de toute déchéance (art. 9), et enfin on ne compromettra pas les droits des tiers qui ne pourront jamais être induits en erreur.

En réalité le nouveau système assujettit aux mêmes règles les meubles et les immeubles, tandis que notre Code après avoir donné de la propriété, de la rente et du gage des définitions qui s'appliquent aux meubles et aux immeubles les organise différemment, suivant qu'il sagit des uns ou des autres. C'est une contradiction qui a été relevée par un jurisconsulte éminent M. Demolonbe, et dont M. le sénateur Denormandie, rapporteur de la loi sur les biens des mineurs, a signalé les inconvénients.

Enfin il convient d'ajouter que, par cette méthode, la rénovation des plans du cadastre s'opèrera en quelque sorte toute seule, et n'occasionnera à l'État qu'une dépense relativement insignifiante.

Paris. — Imp. F. Pichon. — A. Cotillon & Cie, 37, rue des Feuillantines, & 24, rue Soufflot.

www.ingramcontent.com/pod-product-compliance
Ingram Content Group UK Ltd.
Pitfield, Milton Keynes, MK11 3LW, UK
UKHW022152260726
13993UKWH00005B/2319